科学如此惊心动魄

科学探险号 ③

沙漠腹地的危机

纸上魔方 著

吉林出版集团股份有限公司 | 全国百佳图书出版单位

版权所有 侵权必究

图书在版编目（CIP）数据

沙漠腹地的危机 / 纸上魔方著. —长春：吉林出版集团有限责任公司，2015.6（2024.3重印）
（科学如此惊心动魄．科学探险号）
ISBN 978-7-5534-7751-0

Ⅰ.①沙… Ⅱ.①纸… Ⅲ.①科学知识—儿童读物 Ⅳ.①Z228.1

中国版本图书馆CIP数据核字(2015)第128272号

科学如此惊心动魄·科学探险号
沙漠腹地的危机 SHAMO FUDI DE WEIJI

著　　　者：	纸上魔方
出版策划：	崔文辉
项目统筹：	郝秋月
责任编辑：	李金默
出　　　版：	吉林出版集团股份有限公司（www.jlpg.cn）
	（长春市福祉大路5788号，邮政编码：130118）
发　　　行：	吉林出版集团译文图书经营有限公司
	（http://shop34896900.taobao.com）
电　　　话：	总编办 0431-81629909　　营销部 0431-81629880/81629881
印　　　刷：	三河市华阳宏泰纸制品有限公司
开　　　本：	720mm×1000mm　1/16
印　　　张：	8
字　　　数：	80千字
版　　　次：	2015年8月第1版
印　　　次：	2024年3月第7次印刷
书　　　号：	ISBN 978-7-5534-7751-0
定　　　价：	49.80元

印装错误请与承印厂联系　　电话：13313168032

前　言

四有：有妙赏，有哲思，有洞见，有超越。

妙赏：就是"赏妙"。妙就是事物的本质。

哲思：关注基本的、重大的、普遍的真理。关注演变，关注思想的更新。

洞见：要窥见事物内部的境界。

超越：就是让认识更上一层楼。

关于家长及孩子们最关心的问题："如何学科学，怎么学？"我只谈几个重要方面，而非全面论述。

1. 致广大而尽精微。

柏拉图说："我认为，只有当所有这些研究提高到彼此互相结合、互相关联的程度，并且能够对它们的相互关系得到一个总括的、成熟的看法时，我们的研究才算是有意义的，否则便是白费力气，毫无价值。"水泥和砖不是宏伟的建筑。在学习中，力争做到既有分析又有综合。在微观上重析理，明其幽微；在宏观上看结构，通其大义。

2. 循序渐进法。

按部就班地学习，它可以给你扎实的基础，这是做出创造性工作的开始。由浅入深，循序渐进，对基本概念、基本原理牢固掌握并熟练运用。切忌好高骛远、囫囵吞枣。

3. 以简驭繁。

笛卡尔是近代思想的开山祖师。他的方法大致可归结为两步：第一步是化繁为简，第二步是以简驭繁。化繁为简通常有两种方法：一是将复杂问题分解为简单问题，二是将一般问题特殊化。化繁为简这一步做得好，由简回归到繁，就容易了。

4. 验证与总结。

笛卡尔说："如果我在科学上发现了什么新的真理，我总可以说它们是建立在五六个已成功解决的问题上。"回顾一下你所做过的一切，看看困难的实质是什么，哪一步最关键，什么地方你还可以改进，这样久而久之，举一反三的本领就练出来了。

5. 刻苦努力。

不受一番冰霜苦，哪有梅花放清香？要记住，刻苦用功是读书有成的最基本的条件。古今中外，概莫能外。马克思说："在科学上是没有平坦的大道可走的，只有那些在崎岖的攀登上不畏劳苦的人，才有希望到达光辉的顶点。"

北京大学数学教授/百家讲坛讲师

张顺燕

主人公介绍

阴险邪恶，小气，如果有谁得罪了她，她就会想尽一切办法报复别人。她本来被咒语封了起来，然而在无意中被冒失鬼迪诺放了出来。获得自由之后，她发现丽莎的父亲就是当初将她封在石碑里面的人，于是为了报复，她便将丽莎的弟弟佩恩抓走了。

善良，聪明，在女巫被咒语封起来之前，被女巫强迫做了十几年的苦力。因为经常在女巫身边，所以也学到了不少东西。后来因为贝吉塔(女巫)被封在石碑里面，就摆脱了她的控制。它经常做一些令人捧腹大笑的事情，但是到了关键时刻，也能表现出不小的智慧和勇气。它与丽莎共同合作，总会破解女巫设计的问题。

外号"安得烈家的胖子"，虎头虎脑，胆子特别大，力气也特别大，很有团队意识，经常为了保护伙伴而受伤。

主人公介绍

胆小,却很聪明心细,善于从小事情、小细节发现问题,找出线索,最终找出答案。每到关键时刻,她和克鲁德一起用智慧,破解了女巫设计的一个个问题。

冒失鬼,好奇心特别强,总是想着去野外探险,做个伟大的探险家。就是因为想探险,他才在无意中将封在石碑里面的贝吉塔(女巫)放了出来。

沉着冷静,很有头脑,同时也是几个人中年龄最大的。

丽莎的弟弟,在迪诺将封在石碑里面的贝吉塔(女巫)放出来后,就被女巫抓走做她的奴隶。

目 录

第一章　厨艺精湛的保姆 / 1

第二章　凯特的真面目 / 9

第三章　反常的小精灵 / 17

第四章　沙漠绝境 / 25

第五章　可怕的大风暴 / 33

第六章　废墟里的甘泉 / 41

第七章　城堡里的惨叫声 / 49

第八章　夜探实验基地 / 57

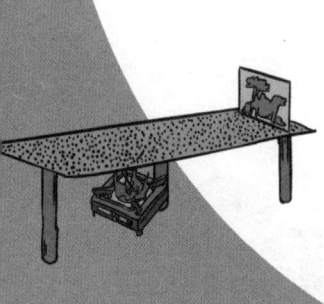

目 录

第九章　智斗巫婆 / 65

第十章　克隆人大作战 / 73

第十一章　被困迷宫 / 81

第十二章　黑暗深处的密道 / 89

第十三章　艾德的计划 / 97

第十四章　巅峰对决 / 105

第十五章　顺利逃生 / 113

第一章

厨艺精湛的保姆

克鲁德小精灵:
　　食盐熔点为801℃,而白糖的主要成分为蔗糖,熔点在185℃-186℃左右。是不是差别很大?利用这种明显的区别,我们就可以很轻松地分辨糖和盐啦。

所需材料

一勺盐

一勺糖

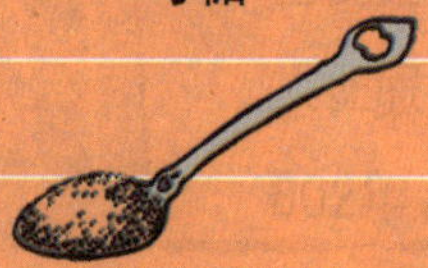

燃气灶

两口小锅
(实验时务必请家长在旁协助)

会变色的糖

1. 把盐和糖分别加入两口小锅中。

2. 用小火加热若干分钟。

3. 什么变化也没有的那口锅里放的是盐,而锅里的东西慢慢变成棕色,那口锅里放的是糖。

小提示

你有没有试过把棉花糖放在火上烤？在这个过程中，棉花糖接近火的部位会慢慢改变颜色，这是因为这部分糖分解变成焦糖。记住，是分解而不是融化哦。

原理分析

糖类是简单的碳水化合物，是有机物的一种，含有碳、氢、氧三种元素。糖被加热后，糖分子会分解。在189℃时，糖会分解为水和碳，而碳会让糖变成棕色的焦糖。而食盐是无机物，稳定性要比白糖好得多。

棉花糖→

知识链接

❶ 有机物即有机化合物，地球上所有的生命体中都含有大量有机物。有机物主要含有碳、氢两种元素，一般都能燃烧。与我们的生活密不可分的石油、天然气、棉花、染料、药物等，都属于有机物。和无机物相比，有机物的热稳定性比较差，受热容易分解。

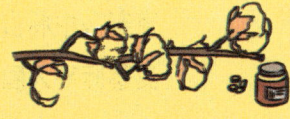

❷ 无机物即无机化合物，通常指不含碳元素的化合物，如水、空气、食盐、石灰等，一般不可燃烧。是否含碳元素是区分无机物和有机物基本标准，但有少数无机化合物除外，如我们熟悉的一氧化碳、二氧化碳，它们也含有碳元素。

焦糖能吃吗？

答：实验中的糖因为被加热后，部分分解为水和碳，然后碳又让糖变成焦糖。看到这里，可能大家都会想到一个问题：焦糖肯定就是变焦的糖呗，要不怎么变色了呢？这种糖肯定不能吃啊。哈哈，实际上，焦糖真的能吃哦。在生活中，焦糖是一种食品添加剂，在很多食品或者调味品里都有它的身影，比如酱油、糖果、醋和啤酒里就都有焦糖。当然，生活中的焦糖并不是简单地用糖制成的，它是用饴糖、蔗糖熬制成的，可以是黏稠的液体，也可以是粉末状的固体。不过，它并不甜，而是有点儿发苦。从这一点上来说，它确实不能直接"吃"……

克鲁德小精灵：
小朋友们，你们有没有想过把花朵染成自己喜欢的颜色，把自己的房间装饰得更漂亮？生活中的科学无比神奇，赶快跟着我来做吧。

所需材料

白色花朵（玫瑰或者丁香）

两个玻璃杯

红色、绿色钢笔水

美工刀

清水

神奇的双色花

1. 把几滴红色、绿色钢笔水分别装进两个玻璃杯中，加适量清水稀释。

2. 用美工刀把白花的花梗切开分成两半——注意花梗不要太长也不要太短，美工刀切到花梗的四分之三处就可以了。

3. 把切开的花梗末梢分别放入两个玻璃杯中静置一段时间。花梗很快就会改变颜色，花瓣也会缓慢变色。几个小时后，原来的白花就变成一半红一半绿的双色奇花了。

小提示

哇，好漂亮的双色奇花！安得烈的表演让大家瞠目结舌，羡慕不已。莫非他突然学会了神奇的魔法？还是让我来揭开这奇迹背后的奥秘吧。

知识链接

❶ 如果不把花梗分成两半，而是完整地放入一种有色液体中，比如蓝色，那整朵白花就会变成蓝色了。科学如此神奇，可以美化我们的生活，小朋友还等什么？赶紧挑选自己喜欢的颜色对花朵进行染色吧！按照这个原理，我们还可以尝试三色花和多色花。

原理分析

花梗里有毛细管道，是植物从根部吸收水分和营养的通道。有色液体顺着毛细管道缓慢上升，最终颜色停留在花瓣上，而液体散发到了空气中。实验中我们选用了红色和绿色两种不同颜色的钢笔水，白花的花瓣就变成了红、绿两种颜色。

❷ 毛细现象可不只是好看，有时候它还会有害呢。比如盖房子时，如果地基中毛细管又多又细，就会使土壤吸收过多的水分，让屋里潮湿，所以地基上总是会铺着油毡。除此之外，毛细现象对农业生产也会有害。因为水分会不断沿着毛细管爬上地面，这样会让地下水分越来越少，所以要经常松土，破坏毛细管。

毛细现象是怎么回事?

答：这个实验体现的就是植物的毛细现象，也叫毛细管作用。通常情况下，液体都会由高处向低处流淌，但是当液体位于细管状物体内时，因为受到了内聚力和附着力的作用，所以液体不降反升，就会上升到细管内，给花朵染上颜色。在日常生活中，毛细现象非常常见。在炎热的夏天，我们常常会选择纯棉质地的衣服，这是因为纯棉的衣服吸汗。棉布是由有空隙的细纤维织成的，当汗液排出后，就会通过这些细纤维的空隙跑到外面去，这就是一种毛细现象。

第三章

反常的小精灵

克鲁德小精灵：

小朋友，你觉得代表医生的物品是什么？白大褂？护士服也是白色的呀。再好好想想……对了，这次答对啦，听诊器才是代表医生的物品，医生每天把它戴在脖子上，看起来好专业的样子。你想不想也拥有一个自己的听诊器呢？

所需材料

两张颜色不同的卡纸

剪刀

透明胶带

自制简易听诊器

1. 把其中一张卡纸卷成长筒，用胶带固定好形状。把另一张卡纸裁出两个大小相同的圆片。

2. 在圆片正中的位置剪出与长筒筒口差不多大的圆孔，然后把孔到边缘的地方剪一条缝，沿着缝隙卷成一个圆锥体，用胶带把缝隙粘牢。像不像个小漏斗？

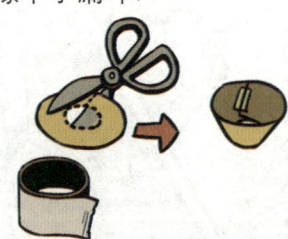

3. 用胶带将两个小圆锥体分别与长筒的两个筒口粘牢。记住一定要粘得紧密些！

4. 把已经完工的听诊器放在小伙伴的胸口。你听到了什么？那清晰有力的怦怦声就是心脏的跳动声啦。

小提示

很有成就感吧?这么简单就能做出一个神奇的听诊器,是不是觉得难以置信?就让聪明绝顶,人见人爱的小精灵——我来解开这个秘密吧。

原理分析

声波扩散后声音变得很小,所以即使站在对方身旁也听不到他的心跳声。而使用听诊器后,第一个圆锥体把声波收集起来,阻止它扩散。被收集的声波沿着长筒到达第二个圆锥体,这时候把耳朵贴在这里,声波就传到了耳朵里,我们也就能清晰地听到对方的心跳声了。

知识链接

❶ 医生用的听诊器就是根据这个道理演变而来的。说起来,从世界上出现第一个听诊器开始到今天,已经过去将近两百年了——1816年,一个叫雷内克的法国医生做了一根空心的木管,用来听病人的心跳声。这就是世界上第一个听诊器的雏形。

❷ 不过,最初的听诊器实在算不上听诊器,也没法满足人们的需要。所以,雷内克医生不断尝试,最后发现用喇叭形的象牙管接上橡皮管做成的单耳听诊器效果比空心木管好很多。听诊器的发明,让雷内克医生能诊断出各种胸腔疾病,他也由此获得"胸腔医学之父"的尊称。

听诊器的效果和大小有关系吗？

答：对于听诊器，我们并不陌生，因为电视中和书上经常会出现医生们手握听诊器的样子，这些听诊器有的大有的小，那么，听诊器的大小会影响到它们的效果吗？是的，听诊器的大小确实会影响到听诊效果。一般来说，听诊器越大越重，它的效果也越好。但是小也有小的好处，比较方便携带。为什么听诊器越大，收音效果就越好呢？听诊头越大，与身体接触的面积就越大，也就能收集到更多的声波。可是，人体表面可不是平平整整的，总是有一些弧度，所以现在又发明出了小听诊器，可以适用于身体不同的部位。

你们看！湖！

别去！那只是海市蜃楼！

有水啦！我们有救啦！

克鲁德小精灵：
有一支驼队在沙漠中疲乏不堪，皮袋中的水早已喝完……突然前方出现了一个大湖，两岸高耸着绿树。旅行者欣喜若狂，快速朝前奔去。他们跑过一个又一个沙丘，湖泊、绿树却仍在遥远的前方，忽暗忽亮，过了一会儿竟然消失得无影无踪……是不是感觉不可思议？看看下面这个实验你就明白啦。

所需材料：平滑铁片、沙子、几根木棍、深色纸、毛玻璃、手电筒、酒精炉、剪刀

玻璃上的海市蜃楼

1. 在不通风的地方，把一块长1.5米、宽0.2米的平滑铁片横放在几根木棍做成的小柱子上。

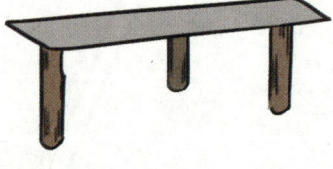

2. 在铁片上撒上薄薄一层沙。

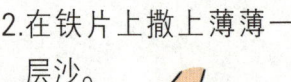

3. 用深色的纸剪成树和骆驼，贴在毛玻璃上。

4. 把毛玻璃在铁片的一端垂直放好，让树和骆驼露在沙层上面。用一只手电筒在毛玻璃下方向上照射。

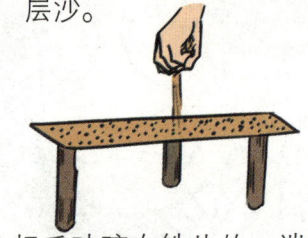

5. 用酒精炉给铁片加热。加热时要注意铁片各处受热要均匀。

6. 加热一段时间后，沿薄铁片往毛玻璃方向观察，你就能发现沙面下方出现树木和骆驼的倒影。这种现象就是海市蜃楼。

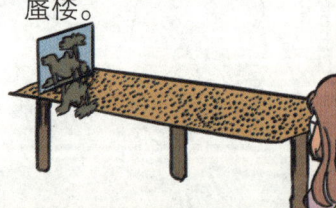

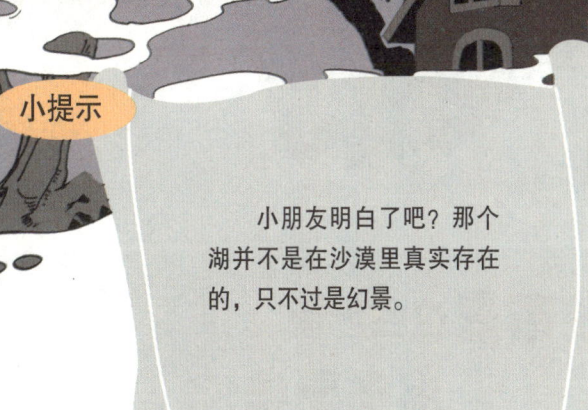

小提示

小朋友明白了吧？那个湖并不是在沙漠里真实存在的，只不过是幻景。

原理分析

海市蜃楼是由于太阳光遇到不同密度的空气而出现的折射现象。沙漠里的沙子受太阳炙烤，表面温度迅速升高，与垂直上空的空气温度差异变得非常显著。

当太阳光从密度高的空气层进入密度低的空气层时，光的速度发生了改变，经过光的折射，便将远处的绿洲呈现在人们眼前了。

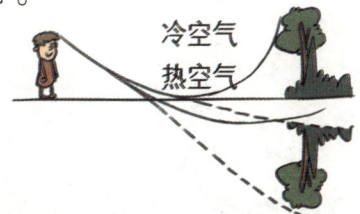

知识链接

① 平静的海面、江面、沙漠或戈壁等地方，偶尔会出现高楼、城墙、树木等的幻景，称为"海市蜃楼"。我国广东澳角、山东蓬莱、浙江普陀海面上常出现这种幻景。古人认为，蜃呼出的气流会形成楼宇的样子，所以他们把这种现象称为海市蜃楼（注："蜃"是古代神话中的一种海怪，外形有点像牡蛎）。

② 海市蜃楼的种类也有很多，人们根据它的位置与原物的方位的比较，将海市蜃楼分为上蜃、下蜃和侧蜃。这是最为广泛的一种分类。除此之外，人们还根据海市蜃楼与原物的对称关系，还有颜色进行了分类。前者可以分为正蜃、侧蜃、顺蜃和反蜃，后者可以分为彩色蜃景和非彩色蜃景。

智慧树

城市里也会出现海市蜃楼吗？

答：前面说过，海面、江面、沙漠、戈壁等地，是海市蜃楼经常出现的地方。那么，在城市里我们能看到海市蜃楼吗？虽然，城市里没有海面和沙漠等地那样的条件，但是偶尔我们也能看到海市蜃楼。比如，城市的柏油马路上就会出现下蜃。在炎热的夏季，深色的物体总是会吸收更多的热量，柏油马路也不例外，在它的上方就会形成这样一种奇怪的现象：上层空气冷、密度大，下层空气热、密度小。因此，阳光在经过空气时会发生折射，并出现倒影。

克鲁德小精灵：

丽莎拿出的家伙可不是水杯，而是用来测试风速的风速杯。其实原理很简单，你自己就可以做一个。

所需材料

两根吸管

五个纸杯

带橡皮头的铅笔

胶带

大头针

纸杯也能测风速？

1. 取一个纸杯，在它的侧面用铅笔钻四个等距离的孔，在它的底部中心也钻一个孔。

2. 把吸管一端插入一个孔中，然后从对面的孔里穿出来。另一根吸管也这样操作。让两根吸管在中心处交叠。

3. 取另外四个纸杯，用铅笔依次在杯壁上相同位置处扎一个孔。把交叉成十字形的吸管的四端分别插进四个纸杯壁上的孔里，四个纸杯的底部都朝向一个方向，用胶带固定住。

4. 确定好每个杯子到五孔纸杯的中心的距离相同之后，用一根大头针刺穿两根吸管的交叉点，再插到铅笔的橡皮头上。把铅笔另一端从五孔纸杯的底端插出。

小提示

风速杯做好了,大家猜猜怎么用它来测试风速呢?

原理分析

空杯的凹面都顺向一个方向,安装在一根垂直的轴上。在风力的作用下,风杯绕轴旋转起来,风速越快,风杯也就旋转得越快。

知识链接

① 风速杯是怎样测风速的呢?告诉你们吧,这就要看它每分钟能转多少圈了。因为风速杯在每分钟里转的圈数就是风的速度。举例来说,假如今天我们天气预报所说的风力是3级,那么每分钟杯子转的圈数应该就是3圈。如果我们知道了风速杯转的圈数,就能推测出风力是几级了。

② 风速杯的安放是有要求的:在平坦而空旷的地区离地面10米。空旷地区是指风速杯与任何障碍物相距不少于该障碍物10倍高度的范围,这样一来它测试的准确度就可以得到保障了。

风速和风有什么关系吗?

答:风速当然就是风的速度,可是由于风是空气的流动而形成的,所以,风速也就是空气相对于地球某一固定地点的运动速率。我们经常在天气预报中听到"7级风"或"8级风"这样的字眼,大家可不要弄混了,风速并没有等级,它的单位是米/秒,有等级的是风力,就是"7级风"这种等级。但是,风力的等级也是靠风速来划分的,一般来说,风速越大,风力等级就越高,当然,风的破坏性也就越大。在气象学上,风力被分为17个等级,像台风、龙卷风的风力,就是大于12级的大风。

克鲁德小精灵：

　　孔明灯必须要在无风的天气和空旷的场地上放飞。放飞时，需要2至3人的合作。你可以在孔明灯底部拴上细绳，这样既可以重复放飞，又能控制起飞高度和范围。

所需材料

锥子

罐头瓶盖

细线

蜡烛头

塑料袋

火柴

小小孔明灯

1. 用锥子在罐头瓶盖的两边分别扎一个洞，把准备好的细线从洞里穿过去并系好。

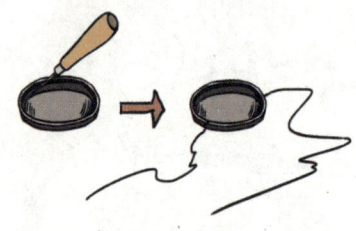

2. 把一截短蜡烛头粘在罐头瓶盖中间。

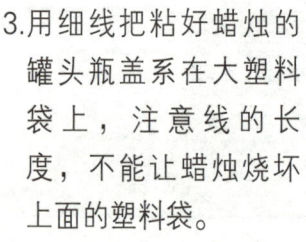

3. 用细线把粘好蜡烛的罐头瓶盖系在大塑料袋上，注意线的长度，不能让蜡烛烧坏上面的塑料袋。

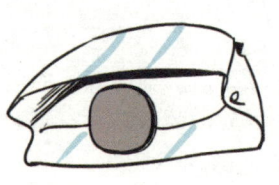

4. 找个安全空旷的地方点燃蜡烛，孔明灯就慢慢飞上天空了。

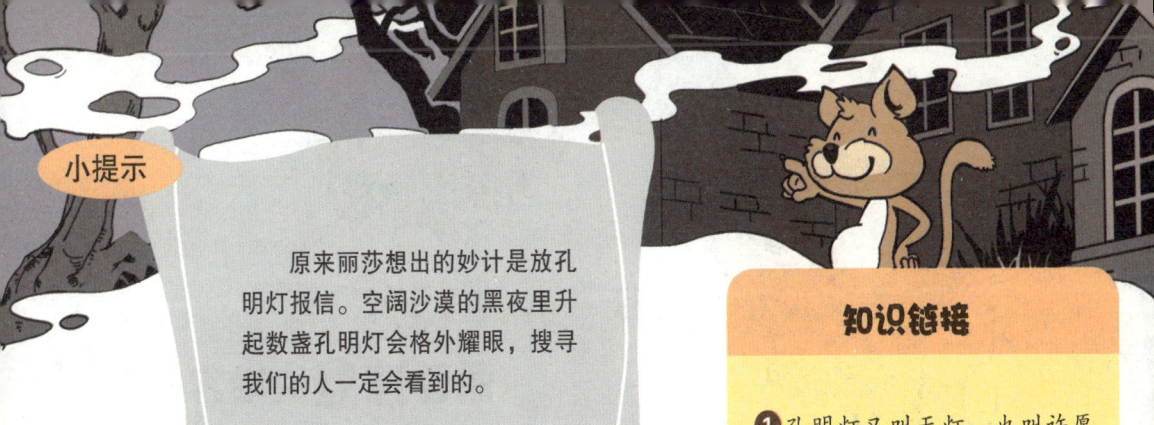

小提示

原来丽莎想出的妙计是放孔明灯报信。空阔沙漠的黑夜里升起数盏孔明灯会格外耀眼,搜寻我们的人一定会看到的。

原理分析

孔明灯是利用热空气比冷空气轻的原理飞上天空的。当蜡烛燃烧时,塑料袋里的空气变热,热空气的密度比冷空气小,所以同体积的热空气就比冷空气轻,塑料袋就带着蜡烛一起飞上了天空。

知识链接

① 孔明灯又叫天灯,也叫许愿灯,相传是三国时期诸葛亮发明的,并因此而得名。当年,诸葛亮所率的大军在平阳被司马懿团团围住,诸葛亮想派人出城去搬救兵,但是几次都失败了。诸葛亮就看准风向,制作了纸灯笼飞出城外,上面系上求救纸条。这一招果然有效,救兵很快就收到了求救信,赶来平阳支援,打退了司马懿。

② 孔明灯不会永远飘在天上。当蜡烛熄灭后,塑料袋里的空气变冷,它就会掉落下来。所以小朋友放孔明灯时一定要注意安全。

智慧树

放飞孔明灯有哪些需要注意的地方吗?

答:孔明灯虽然寓意很好,也很好看,但是,有一些地方要特别注意,它可不是随便放的哟!

1. 放飞孔明灯之前一定要仔细检查,如果孔明灯已经破损,要用胶带粘好再放,要不然很容易失败。

2. 一定要把孔明灯完全展开后再点火,否则孔明灯还没放起来就被点着了。

3. 千万不要一个人去放孔明灯,至少要有两个人在旁边帮忙。

4. 一定要选择空旷的地方放孔明灯,一定不要在有花草树木或者房子多的地方放孔明灯,还有,一定要避开仓库、加油站等有易燃易爆物品的地方,避免引起火灾。

微信扫码
- 科普小课堂
- 趣味冷知识
- 科学脱口秀
- 数字科技馆

第七章
城堡里的惨叫声

克鲁德小精灵：
小朋友，你想不想看看自己的指纹是什么样子的？赶紧跟着我来做吧，让你独一无二的指纹立即显现在眼前。

所需材料

白纸

剪刀

碘酒

试管

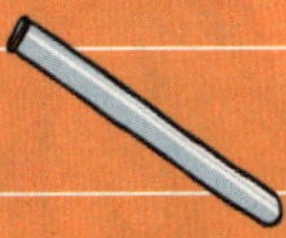

酒精灯

指纹现形记

1. 将白纸剪成长约4厘米，宽不超过试管直径的纸条。

2. 用手在纸条上用力摁几个手指印。注意，白纸上除了留下手指印，不要留下其他痕迹。

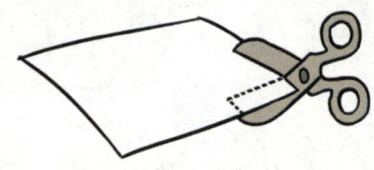

3. 把碘酒倒入试管中，将试管在酒精灯火焰上方加热。

4. 把纸条悬于试管中，注意，摁有手指印的一面不要贴在管壁上。

5. 待产生紫红色碘蒸气后停止加热，稍等一会儿指纹就显现出来了，最后呈现出一个十分明显的棕色指纹。

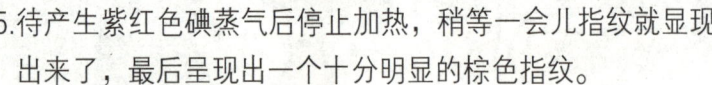

小提示

幸亏我当时收藏了女巫的指纹，此时派上了大用场。我们用碘酒显现纸条上的指纹后，托克逊用高科技模拟一个一模一样的指纹，就打开指纹锁啦。

知识链接

❶ 每个人的指纹都是独一无二的。由于这个特点，罪犯在犯案现场留下的指纹，就成为警方追捕疑犯的重要线索。警察到达案发现场后，先查看现场痕迹，再提取指纹（主要是为了排查有哪些人到过犯罪现场），提取好后在公安内部系统里搜索核对指纹。

❷ 虽然我们能看到一条条指纹，但是要识别它们可不容易。我们平时看到的那些指纹，被称为明显纹，只要我们的手上沾了墨水，就能提取到。此外，还有一种成型纹，只有按在蜡烛、黏土等柔软物质上时，这种指纹才会出现。最后，还有一种潜伏指纹，案发现场最常见的就是这种指纹了，必须要通过化学提取才能让它们现形。

原理分析

为什么指纹用碘蒸气一蒸就出来了呢？这是因为每个人的手指上都会有油脂、矿物质和汗水。用手指往纸上摁时，指纹上的油脂、矿物质和汗水就留在了上面，只不过肉眼看不出来罢了。

当我们将留有指纹的纸放在装有碘酒的试管口上方时，紫红色的碘蒸气会溶解在这些油类中，就显现出指纹了。

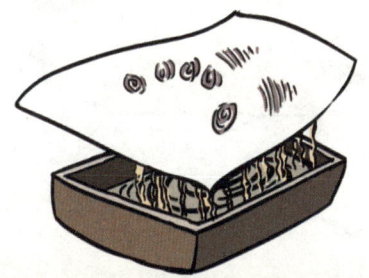

指纹为什么能成为身份识别的密码？

答：如果我们张开双手，就会看到手指头上有一条条凸起的纹线，这就是指纹。如果我们再仔细看一下，就会发现，这些小纹路好像每个都不太一样。有的呈同心圆或者像一个小水涡，而有的则像一个小簸箕，还有的像一张弓一样。这还只是形状上的差异，不同人的指纹，除了形状不同，大小、多少，甚至长短也都不一样。所以，世界上任何两个人的指纹都是不一样的，这是我们的一个身份识别密码。随着我们一天天长大，指纹也只是会放大、变粗而已，纹路是不会变的。

第八章

夜探实验基地

克鲁德小精灵：
　　太阳、灯、手电筒和蜡烛是我们熟悉的发光物体，除了它们，还有一些我们比较陌生的光源，比如厨房里常用的冰糖。小朋友是不是觉得难以置信？哈，见证奇迹的时刻马上到来！

所需材料

冰糖

玻璃杯

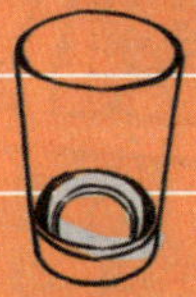

筷子

会放光的冰糖

1. 将100克左右的冰糖放入玻璃杯中。

2. 把房间的灯关掉，尽量遮蔽光源。

3. 拿筷子分别用慢、中、快三种速度来搅动冰糖，你会发现搅动得越快，冰糖发出的荧光越亮。

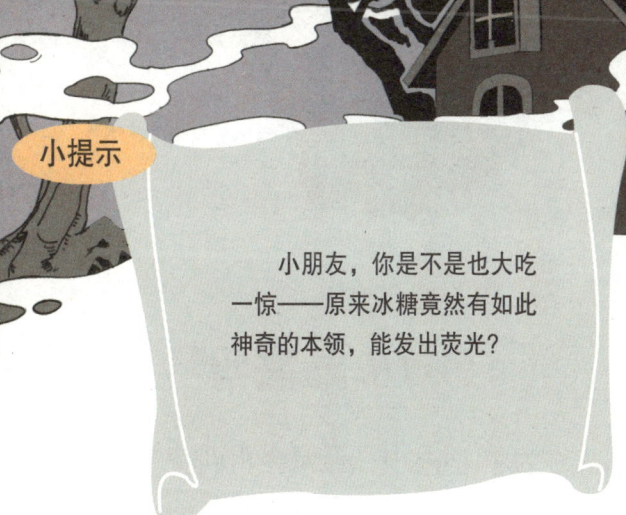

小提示

小朋友,你是不是也大吃一惊——原来冰糖竟然有如此神奇的本领,能发出荧光?

原理分析

冰糖在搅拌中破裂或破碎时,其表面会产生不稳定的高能分子。这些分子产生一道道亮光将能量释放出来,我们就能看到冰糖一闪一闪发出荧光了。搅动得越快,高能分子释放的能量越多,冰糖发出的荧光也就越亮。

知识链接

❶ 冰糖因为被搅拌后才会发光,但是在自然界中却有一些不需要外在因素影响就能发光的物质。动物中会发光的有萤火虫、电鳗、电鳐、萤乌贼等,但是目前,人们还没有发现会发光的植物。我们就来详细说说萤火虫吧。萤火虫能发光是因为荧光素发生一连串复杂生化反应,而光是这个过程中所释放的能量。

❷ 萤火虫有很多种,其中绝大多数是雄虫有发光器,而雌虫无发光器或发光器较不发达。萤火虫的光芒虽然很小,在黑暗中却显得分外明亮。

荧光笔有什么危害吗？

答：在我们的日常生活和学习中，经常会用到荧光笔，它能帮我们做记号。这是因为荧光笔里面有荧光剂，当荧光剂遇到紫外线，比如阳光、日光灯，就会产生荧光效应，发出白光，看起来就有点儿刺眼。荧光笔分为两种：水性和油性。水性笔没有毒，但是不容易干。油性笔里加入了合成溶剂，所以会有气味。如果我们长期接触荧光笔，除了气味不好外，也会对我们的眼睛产生一定的影响，让我们的视力下降。而且，有些小作坊为了赚钱，会用低价的有毒荧光剂做原料，也会危害我们的身体健康。所以，为了身体健康着想，还是少用荧光笔吧。

所需材料

一株快要成熟的西红柿

一个装着半碗热水的碗

一个盘子

克鲁德小精灵：

小朋友都知道西红柿未成熟时是绿色的，成熟后就会慢慢变成红色。而我将给你展示一个神奇的实验：让西红柿一直保持绿色。

不会变红的西红柿

1. 从一株西红柿上挑选出几个带梗的快要熟了的绿色的西红柿。

2. 从挑选好的绿色西红柿里选一个，放入碗中的热水里浸泡三分钟。

3. 把剩余的几个绿色西红柿放在盘子里。

4. 隔一天再仔细观察热水里浸泡的西红柿和盘子里的西红柿的颜色差异。

小提示

小朋友，你观察被热水浸泡过的西红柿一段时间，发现了什么？等这株西红柿上其他果实完全变红的时候，被浸泡过的西红柿仍是绿色的。很神奇吧？

原理分析

西红柿会成熟是因为它含有酵素。酵素会产生乙炔气体，这种气体可以催熟西红柿。

实验中用热水浸泡西红柿，损坏了可以产生乙炔气体的酵素，就阻止了西红柿的成熟，能保持长久的绿色。

知识链接

❶ 要留意的是，未成熟的西红柿即青色的西红柿是不可以进食的，因为未成熟的西红柿含有茄碱，食用后会引起偏头痛。吃多了会中毒，严重者甚至造成死亡！这可不是在吓唬大家哟，而且茄碱不光在未成熟的西红柿中出现，在茄子里也有，但是只限于霜降后的农田里长大的茄子，大棚里的茄子就不会有那么多茄碱。此外，被太阳晒后变绿的土豆里也含有大量茄碱，大家也要注意。

❷ 酵素还有一个名字——酶。我们人体里就有各种与生俱来的酶，人体内每天都在进行着上千种的化学反应，每一种都有酶的参与。

乙炔是一种什么气体？

答：乙炔是炔烃化合物中的"小弟弟"，因为它在这个家族里体积最小。它有个更为好记的名字——风煤和电石气，当然，这个名字有点儿长。乙炔并不太常见，因为它主要是在工业上发挥作用。而且，用于工业上的乙炔总是有一股臭大蒜的味道，因为里面混合了硫化氢、磷化氢。事实上，纯乙炔并没有臭味，而且也没有颜色，但是非常容易燃烧。所以，总体来说，它还是个挺危险的家伙。我们可不要被它无色、无味的外表给蒙骗了。

第十章

克隆人大作战

克鲁德小精灵:
　　飞出去以后能自动返回的飞镖是不是很神奇？让我教你做一个吧。

所需材料

铅笔

硬纸板

剪刀

砂纸

"认家"的飞镖

1. 用铅笔在硬纸板上画出"V"形的形状，两端的拐臂长大约20cm。

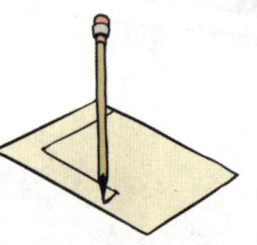

2. 用剪刀沿着所画线剪下来，用砂纸把边角磨圆。

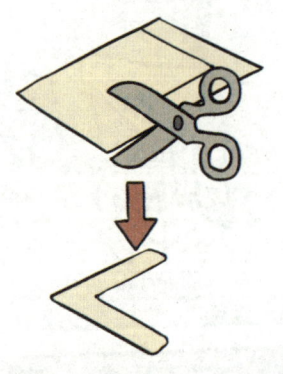

3. 用手握住飞镖的一端，另一端对着自己，用力朝一个方向抛出去。它会在空中画一条曲线，然后飞回你的身边。

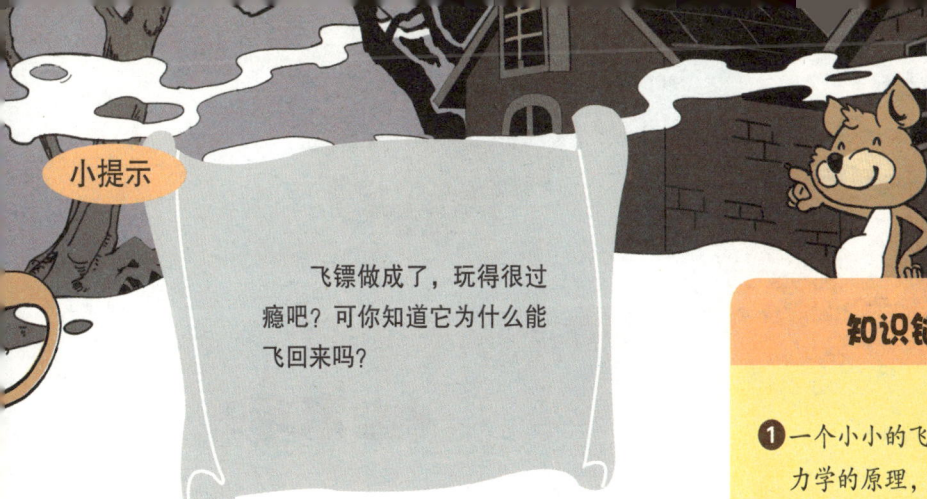

小提示

飞镖做成了,玩得很过瘾吧?可你知道它为什么能飞回来吗?

原理分析

飞镖斜着被抛出,它会始终受到一个倾斜的空气阻力,从而使飞镖不断改变方向,在空中画过一个圈,又回到抛出点附近。

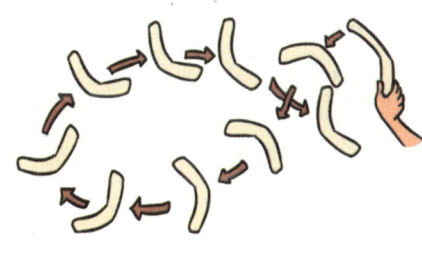

知识链接

❶ 一个小小的飞镖蕴含着空气动力学的原理,其实它有一个很响亮的名字——回旋镖。从名字我们就能看出来,不管有没有击中目标它都能飞回来。当它被抛出去,会直直地向前飞行,然后会改变方向,向高处飞去,击中目标后,它就会转个圈再返回来。

❷ 回旋镖最初来自澳洲,它是当地土著人在漫长的狩猎生涯中最伟大的发明之一。它的外形就像一个对号,一般是木质的,澳洲土著人还在上面画上了彩绘。大家可不要小看回旋镖,澳洲人不仅用它来捕捉小动物,还能用它来对敌作战。

玩飞镖时需要注意哪些事项?

答:飞镖虽然很好玩,也很好看,但是也很危险,所以我们一定要记住以下这些注意事项:

1. 要在空旷的、没有人的场地上玩飞镖。镖针一定要稍微向上一点儿,不要朝下。

2. 千万不要只用两根手指拿着飞镖,最少也要用三根手指握飞镖,安全最重要。

3. 虽然我们只用一只手握飞镖,可闲着的那只手也不要握拳,这样也可能会影响到握镖的那只手。

4. 最后,不要太紧张,一定要稳定,毕竟,你的手里握着的可是会伤人的飞镖。

第十一章
被困迷宫

克鲁德小精灵：
　　小朋友，你的妈妈是不是跟丽莎的妈妈一样，几乎每天都往衣服和头发上喷香水？那么你知道香水是怎么做成的吗？

所需材料

新鲜的花瓣

烧杯

玻璃棒

乙醇（俗称酒精，纯度为95%）

保鲜膜

过滤网

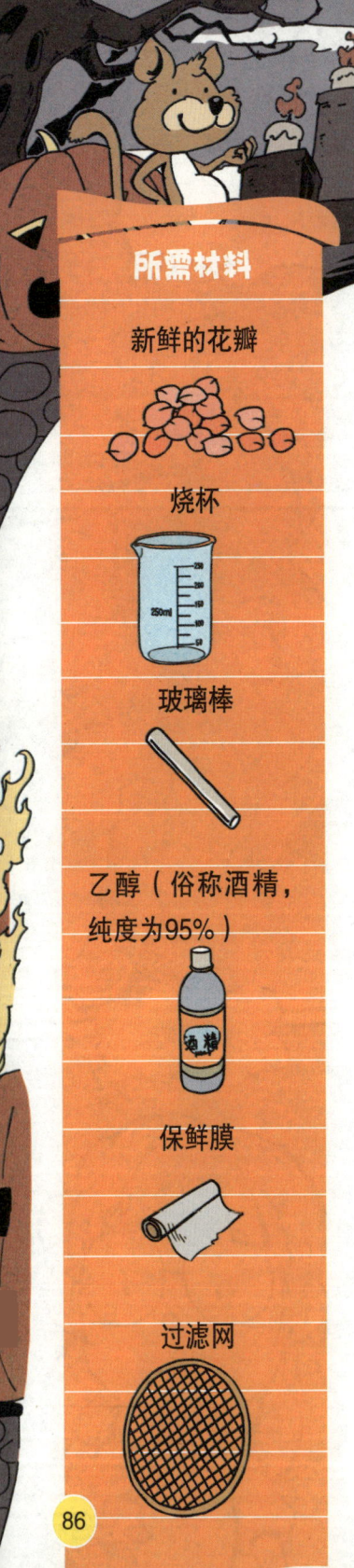

自制香水

1. 采集一些新鲜的花瓣放入烧杯中。

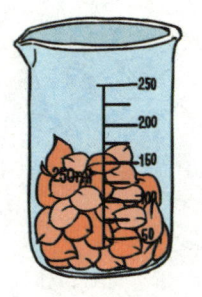

2. 用玻璃棒将花瓣捣碎，倒入乙醇（高度要没过花瓣）。

3. 用保鲜膜把烧杯封口，轻轻地摇晃后等待一段时间。

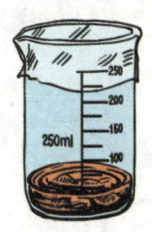

4. 打开烧杯，将花瓣滤去，剩下的就是散发香气的香水了。

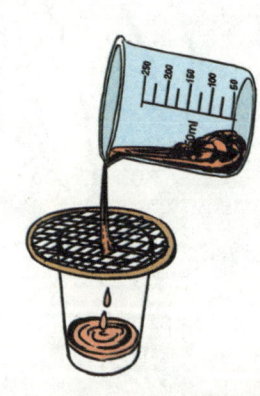

小提示

你喜欢花的清香吗？那你知道如何能长久留住这种香味吗？快跟着丽莎做吧。

原理分析

想要完成一款香水，是需要复杂的工序的。自制香水首先要收集纯天然的香料（如花瓣），然后洗净、蒸馏、收集，加入酒精之类的添加剂。之所以选择酒精，是因为花瓣中的香味物质可以溶解在酒精里。制造香水的酒精必须纯净，不能带有杂质，这样才能保证做出的香水外观清澈、气味迷人。香水的保存期限通常是五年，而酒精的浓度决定了香水的味道是浓香型还是淡香型。

知识链接

❶ 因为酒精是易挥发物，所以要迅速将杯子密封起来。

❷ 10世纪一位叫伊布恩希纳的医生用这种方法提取了芳香油，这是世界上最早的香水，也是现代香水的雏形。现在，芳香油依然在我们的生活里占据重要位置。比如，大多数熏香里都含有芳香油。但是，它和香水并不一样，因为它不能直接涂在皮肤上。不过，除了香水外，人们还可以使用精油，精油是可以直接涂在皮肤上的。不同的精油功能也不同，比如有的可以舒缓精神，有的可以对抗细菌等。

香水都是用花做成的吗?

答：当然不是了，香水的原料非常广泛，不只是花，其他植物，甚至是动物都可以制成香水。比如有名的麝香，就是从喜马拉雅麝鹿身上提取出的一种晶体制成的，不过不用担心，提取的时候不会伤害到麝鹿。还有海狸香，它是用从海狸的液囊里提取出的一种红棕色的分泌物制成的。而能制成香水的植物就更多了，比如很多树木都会分泌出香脂，像秘鲁香脂、安息香料都是树木分泌出来的。就连我们爱吃的水果也能制成香水，比如很多香水里都会用柑橘类的水果做原料。

克鲁德小精灵：
　　为什么那个鸡蛋看起来和普通鸡蛋一样，打开蛋壳却在里面发现了字呢？哈，先让我给大家做个实验吧，看完你就明白啦。

所需材料

毛笔

醋

生鸡蛋

电饭煲

蛋白上写字

1. 用毛笔蘸上醋在生鸡蛋壳上写一些字。

2. 待醋干后，将鸡蛋放入电饭煲中，加水煮熟。

3. 取出鸡蛋剥去蛋壳，你就会发现蛋白上有你写的字啦。

小提示

醋要蘸得多些,否则字迹的颜色会淡。还有,一定要等蛋壳上的醋完全干了再煮。

知识链接

❶ 利用鸡蛋的这个秘密,我们就可以制作很多惊喜啦,比如在爸爸妈妈生日的时候,送一个里面写有"生日快乐"的熟鸡蛋,他们一定很开心。没想到醋这么厉害吧?它对我们的牙齿也威力无穷,能导致牙釉质脱矿,所以喝醋后能让你感觉牙齿变软了。不过别害怕,醋还有其他功能呢,比如醋可以预防流感,我国自古就有用醋入药的记载。现在,还有水果醋,比如苹果醋、红枣醋等,有美容功效呢。

❷ 但是,喝醋也有一些小小的禁忌,比如在吃氧化镁或一些碱性药时,就不能吃醋,因为醋会中和药效,让药物失效。

原理分析

这是因为蛋壳的主要成分是碳酸钙,能与醋酸发生化学反应,生成醋酸钙。多余的醋酸会穿过蛋壳,与里面的蛋白发生化学反应,待鸡蛋煮熟后就能清楚地看到蛋白上的字迹了。

$$CaCO_3 + 2CH_3COOH = Ca(CH_3COO)_2 + H_2O + CO_2\uparrow$$

在生活中,醋还有什么妙用呢?

答:在我们的日常生活中,醋最常出现的地方就是厨房了,因为爸爸妈妈做菜时总是会用到它。其实,醋不仅能帮菜品调味,还有很多妙用呢!在做鱼和羊肉时,滴几滴醋,鱼就不腥了,羊肉也不膻了。炖肉时,放几滴醋,肉也更容易熟。煮鸡蛋前,在水里滴几滴醋,剥壳就会更容易。在鞋油里加几滴醋,会让鞋更加光亮。只要将洗干净的衣服,再用清水和醋洗一遍,就不会褪色了。用醋来擦拭玻璃容器或者不锈钢容器,会使它们更加光亮。

克鲁德小精灵：
丽莎竟然会把普通收音机变成幽灵收音机？赶紧看看她是怎么做的吧。

所需材料

收音机

塑料梳子

天哪，屋子里有"幽灵"！

1. 打开收音机，将音量调小。

2. 把塑料梳子在头发上摩擦几次。

3. 将梳子靠近收音机的天线，注意不要碰到天线。这时候你会听到收音机里传来刺耳的声音。

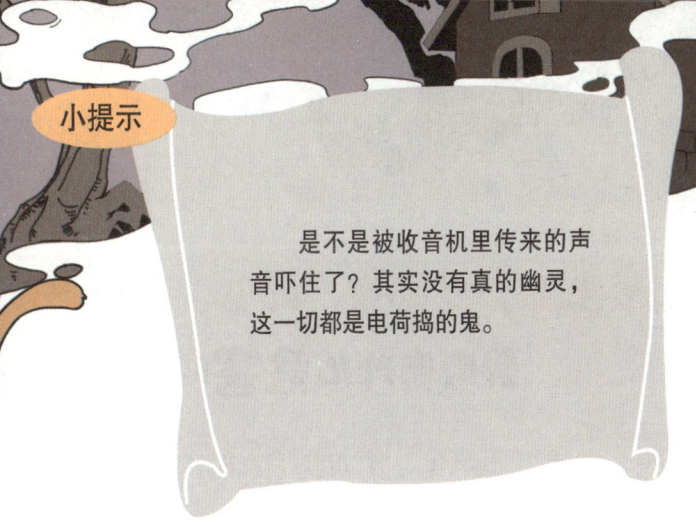

小提示

是不是被收音机里传来的声音吓住了？其实没有真的幽灵，这一切都是电荷捣的鬼。

原理分析

"幽灵"作怪的秘密在于电磁干扰。塑料梳子经过摩擦后表面聚集了很多电荷，靠近收音机天线时会产生类似于闪电的电磁波，从而干扰收音机对信号的正常接收，使收音机发出杂音。

知识链接

❶ 在雷雨天，云层和地表间的电荷也会对收音机产生电磁干扰，从而出现一些杂音。

❷ 塑料做成的梳子，在梳头的时候容易产生静电，使本身干的头发更加干燥、易折断。同时，产生的静电还会刺激头部的皮肤，影响头皮及发根的健康。对于有头屑和沾染尘埃较多的头发，用塑料梳子会使发垢越贴越紧，并且，带静电的头发还容易吸附空气中的尘埃，更不利于保持头发的洁净。所以尽量不要选用塑料梳子。木质、牛角的梳子才是最佳的选择。

智慧树

摩擦会产生静电，那么，静电有什么危害吗？

答：在生活中，静电并不罕见，比如脱毛衣时出现的火花，或者干手摸门把手时，我们经常会被电一下，这都是因为产生了静电。虽然电量并不足以造成什么过大的危害，但也会给我们带来困扰。工业生产产生的静电危害大得多，比如飞机在飞行时如果与空气、灰尘等颗粒摩擦，就会产生静电，严重干扰飞机的无线电通信设备。印刷纸张时，如果纸张与灰尘摩擦产生静电，纸张之间就会黏在一起，无法分开……所以，工业设备一般都会有一根接地线，以消除静电。

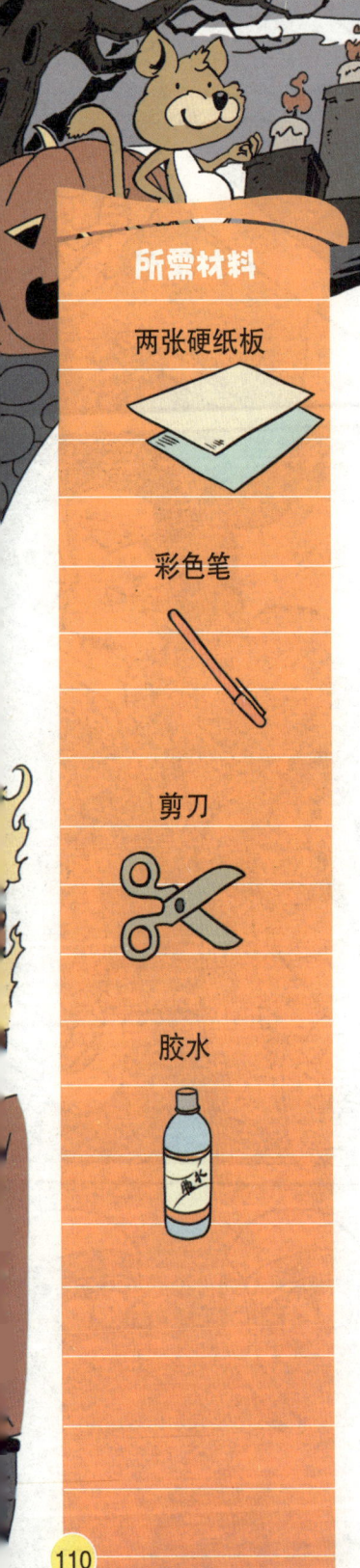

克鲁德小精灵：

哇，这次连我这聪明绝顶的小精灵都有点儿佩服丽莎了。危急之下她竟然想出了用相对运动来迷惑敌人。小朋友，马上按照下面的材料去准备吧，见证奇迹的时刻又要到啦。

会飞的"蜘蛛侠"

1. 在一张硬纸板上用彩笔画出一个蜘蛛侠，然后用剪刀剪下来。

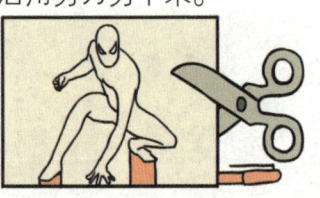

2. 在另一张硬纸板上画上蓝天和云彩。

3. 把剪好的蜘蛛侠放在桌子上用胶水粘好，然后把画有云彩的硬纸板放在其后面。

4. 沿着桌子移动画有云彩的硬纸板，从桌子的一头推向另一头。

5. 眼睛紧盯着画上云彩的硬纸板，你就会发现蜘蛛侠好像在云彩上腾云驾雾。

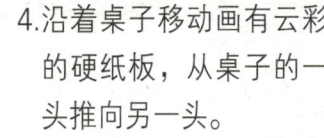

小提示

如果你不喜欢蜘蛛侠而是超人,当然可以改成画超人啦。你是不是很困惑,为什么明明动的是硬纸板,看起来却是蜘蛛侠在腾云驾雾呢?

原理分析

物体的运动与静止是相对参照物而言的。当你的眼睛紧盯着画上云彩的硬纸板时,就是把它当作参照物,这样相对硬纸板来说,运动的就是蜘蛛侠了。

参照物 ←

知识链接

❶ 宇宙中没有不动的物体,一切物体都在不停运动。可能你会觉得奇怪,但事实就是这样的。比如,我们觉得太阳是不动的,但那是因为地球和太阳都在动,而且太阳离我们太远了,所以我们感觉不到它在动。再比如月亮,人们总说"月亮走我也走",但实际上月亮可没有跟着我们走,这是因为我们选择的参照物是身边的景物,而月亮又离得很远。人一走,月亮和景物的关系在视觉上就发生了变化,所以会产生"月亮走我也走"的现象。

❷ 一栋大楼或者一棵大树相对地球来说是静止的,但对太阳来说它们却是运动的。所以我们必须选择一个参照物来确定物体是否运动。

智慧树

参照物能起到什么作用呢？

答：我们已经知道参照物是怎么回事了，那么，参照物能起到什么作用呢？前文提过，物体究竟是静止还是运动，都是相对其他物体而言的。这个被选中的参照物体就是参照物。当我们想要判断汽车是否在动时，只要看看路边的电线杆就知道了。因为电线杆是被固定住的，只要汽车在偏离电线杆，就说明汽车在动。当然，世界上的运动和静止都只是相对而言的。因为地球本身就在不停转动，在上面的所有事物当然也可以说是在跟着动了。

快跑！这里要爆炸了！

克鲁德小精灵：
鸟儿的叫声清脆婉转，我可喜欢听啦。小朋友，想不想知道丽莎和我是怎么变出小鸟的啼叫声的？赶紧跟我做吧。

所需材料

两个纸杯

胶带

小刀

吸管

啾啾，小鸟叫

1. 将一个纸杯倒过来，在杯子的底部用小刀划一个边长约1cm的三角形小孔。

2. 将吸管平放在杯底上，吸管口对着三角形小孔的一角，并用胶带固定好。再用胶带把两个纸杯口相对地粘在一起，密封好。

3. 用吸管吹气，就会听到逼真悦耳的鸟叫声了。

小提示

很神奇吧？其实这是由声音的共鸣引起的。

知识链接

❶ 两个发声频率相同的物体，如果彼此相隔不远，那么使其中一个发声，另一个也就有可能跟着发声，这种现象就叫共鸣。有趣的是几乎随便什么容器里的空气，都会同发声物体共鸣。如果容器有所破损，共鸣的声音也会有所变化。

原理分析

两个纸杯粘合在一起便成为一个封闭的共鸣箱。我们借助吸管将空气通过三角形小孔传入杯内，杯内的空

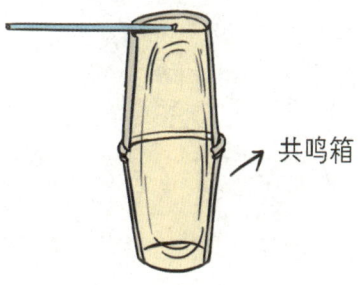

← 共鸣箱

气受到振动形成声波，而声波在封闭的空间能产生共鸣，声音强度就变大，于是就传出悦耳的鸟叫声。

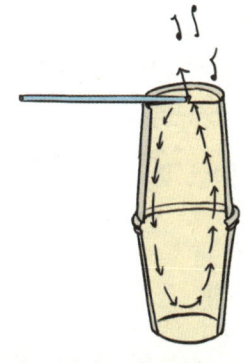

❷ 当我们去山区旅游时，我们面对高山大喊一声，声音会在群山中回荡，然后反射到我们耳朵里。这是因为声音是以声波的形式传播的，当声波遇到障碍物会被反射，如果遇到的是多个障碍物，声波就会在这些障碍物之间来回反射。这就是你的声音能在群山中回荡的原因。

奇妙科学探索之旅

—— 满足你的好奇心 ——

扫码开启

科普小课堂
进入有趣有料的科普课堂，探秘真相，大开眼界。

趣味冷知识
精彩图文带你了解隐藏在生活中的奇趣冷知识。

科学脱口秀
观看科学脱口秀，几分钟学习一个趣味知识。

数字科技馆
云游中国科学技术馆，穿越古今，探索天文地理。